Dieter und Josefina Becker

# Buntstifte gegen Alltagsgrau

Erfahrungen bei der Betreuung von Senioren

Aus einem rein technischen Beruf kommend packe ich die Themen im Leben meist analytisch an.
Als Ausgleich neben meiner Berufstätigkeit habe ich immer schon gerne gemalt.

Meine Frau ist bei uns eher die sozial Engagierte.
So dachten wir, bringen wir doch beide Seiten zusammen.

Als rüstiges Rentnerehepaar haben wir uns vorgenommen, den Senioren in einer Tagespflegestätte ein wenig Farbe und Freude in ihren Alltag zu bringen.

Wir haben nun ein Jahr lang ehrenamtlich regelmässig Maltreffs durchgeführt und berichten hier in diesem Buch über unsere Erfahrungen.
Dies machen wir in zwei Teilen: der erste Teil wird von mir aus der Sicht eines Mannes erzählt, der zweite Teil aus Sicht meiner Frau.
Sie werden sich wundern, wie unterschiedlich und doch wiederum gleich die Wahrnehmungen von uns empfunden wurden.

Dieter Becker

Herstellung und Verlag: BoD – Books on Demand, Norderstedt
ISBN: 9783752894721

Umschlag-Gestaltung: Dieter Becker

Dieter und Josefina Becker

# Buntstifte gegen Alltagsgrau

Erfahrungen bei der Betreuung von Senioren

# Inhalt

# Projektidee

Meine Frau ist bei uns die sozial Engagierte und so entstand die Idee, zusammen einen Senioren-Maltreff auszurichten. Das wäre für uns beide eine sinnvolle Aufgabe.

Wir haben im Nachbarort in einer Tagespflegestätte zu Jahresbeginn 2019 mit Maltreffs begonnen und haben das Projekt 14-täglich jeweils 2 Stunden lang durchgeführt.

Jetzt nach einem Jahr können wir über unsere Erfahrungen resumieren.

Da meine Frau und ich beide keinerlei Erfahrung im Umgang mit einer Gruppe von Senioren hatten, sahen wir unsere Maltreffs in einer Senioren-Tagesstätte als Projekt an, in welchem es darum geht, im fortgeschrittenen Alter Freude an der Malerei mit Form und Farbe zu vermitteln.

Kreativität kennt kein Alter.

Wir wollten uns nicht auf die reine Malerei festlegen, stattdessen haben wir uns für eine ganzheitliche Vorgehensweise entschieden, bei welcher wir mehrere Elemente einfliessen liessen.

Unsere Zusammenkünfte nannten wir daher auch nicht „Malstunde" sondern „Maltreff". Es sollte sich ja auch nicht um eine Konkurrenz für die regionalen ausgebildeten Kunstmaler und -erzieher handeln sondern im Mittelpunkt stand die gemeinsame Beschäftigung.

Mit ein wenig Finger-Gymnastik zur Einstimmung für die Maltätigkeit begannen wir zumeist unsere Maltreffs.

Neben dem Malen von Bildern haben wir auch Schlagermusik aus den 60er- und 70er-Jahren gehört und uns mit Düften an vergangene Zeiten erinnert.

Meine Frau hat dazu Geschichten erzählt, welche die Senioren an unserem Alltagsleben teilhaben liessen und gleichzeitig Erinnerungen an frühere Zeiten in ihnen weckten.

Für die Maltreffs haben wir uns vorbereitet und aktuelle Themen ausgesucht.

Die Vorbereitung war uns sehr wichtig und wir haben die Vorgehensweise für die Maltreffs geplant.

Bald mussten wir feststellen, dass die Planung meistens nicht eingehalten werden konnte und wir mussten auf die aktuellen Gegebenheiten eingehen – doch dazu in den einzelnen Kapiteln mehr.

# Vorbereitungen

Für jeden Maltreff haben wir uns auf ein aktuelles Thema vorbereitet: Frühling, Fasching, Vögel, Blüten, Sommer-Urlaub, Herbstlaub, Helloween, Weihnachtszeit. Aber auch: abstrakte Malerei, Malen mit dem Schwamm, Pappsäule mit farbigen Knöpfen, Malen mit Kaffee und vieles mehr.

Sehr beliebt waren Ausmalbilder, welche mit Farbstiften oder farbigen Filzstiften auszumalen waren.

Zu Beginn der Maltreffs habe ich zumeist ein Bild für alle als Anregung sichtbar vorgemalt.

Oft haben wir die Maltreffs mit Finger-, Hand- und Schulterbewegungsübungen zur Lockerung begonnen.

Natürlich hatten einige Teilnehmer Arthrose oder andere Schwierigkeiten im Bewegungsablauf. Deshalb wiesen wir sie darauf hin, die Übungen sofort abzubrechen, bevor es schmerzhaft würde.

Begleitend zu der Malerei haben wir Musik gehört und es wurde mitgesungen, ab und zu haben wir auch Düfte eingesetzt um z.B. den Duft von Rosen wachzurufen.

Alltagsgeschichten wie z.B. ein Spaziergang im Wald, dem Vogelgezwitscher, wärmende Sonnenstrahlen, den Blick ins Rheintal haben die Erinnerungen unserer Senioren wieder aufleben lassen.

# Aus Sicht des Mannes

Ich bin es als Techniker eher gewohnt, eine Sache systematisch und analytisch anzugehen.

So schildere ich im Folgenden also meine Erfahrungen in diesem Projekt. Mein Part war die Malerei mit Materialien wie Papier, Farben, Pinsel und so weiter.

Der Part meiner Frau war die Erzählung von Geschichten, Ausstattung des Ambiente für die Maltreffs und das weiblich sensible einfühlsame Eingehen auf die Senioren. Dieser Teil folgt im Kapitel „Aus Sicht der Frau".

# Die Maltreffs

## Der erste Tag

Anfänglich hatten nicht nur wir ein mulmiges Bauchgefühl, ob wohl alles klappen würde. Auch die Teilnehmer in der Runde waren beim ersten Maltreff sehr unsicher, was da auf sie zukäme. Bei meiner Vorstellung erwähnte ich, dass ich bereits Bücher über Malerei geschrieben habe und es kam sofort die bange Frage, ob wir ihnen ein Buch verkaufen wollten.

Die anfängliche Skepsis wich dann doch bald einem gewissen Vertrauen uns gegenüber als sie merkten, dass wir „ganz normale Leute" sind.

Es gab einen großen Aufenthaltsraum in dem die Gäste - wie die Senioren von den Betreibern der Tagesstätte genannt werden - sich treffen, frühstücken und mittagessen.

Daneben gab es einen zweiten großen Raum der für die gemeinsamen Aktivitäten in der Tagespflegestätte genutzt wurde z.B. Gymnastik, Gehirnjogging-Spiele etc. In diesem Aktivitätsraum wurden Tische für das Malen zusammengestellt und diese mit Wachstischdecken abgedeckt.

## Winter

Für unsern ersten Maltreff haben wir uns thematisch auf den bevorstehenden Frühling vorbereitet.

Wir hatten Druckerpapier bereitgelegt und Farb- und Wachsmalstifte sowie Pinsel und Gouache-Döschen (das sind flüssige abwaschbare Farben).

Desweiteren haben wir Ausmalbilder mit Tulpen-Motiven ausgedruckt, welche später zum Malen sehr gerne angenommen wurden.

Ich habe mit Gouache und einem Pinsel ein paar Tulpen in Rot und Gelb gemalt für alle sichtbar und als Anregung, wie ich mir das vorstellen könnte.

Einige der zwölf Teilnehmer haben diese Bilder nachgemalt, die Mehrzahl der Pflegegäste bevorzugte aber die Ausmalbilder. Die meisten benutzten Farbstifte.

Zur Einführung wurde das Lied "Tulpen aus Amsterdam" vom Handy vorgespielt und sofort haben einige das Lied erkannt und schließlich haben alle mitgesungen.

Einige wenige genossen das Beisammensitzen, haben sich am Malen aber nicht beteiligt wegen Augenproblemen, Arthrose in den Fingern etc.

Die Senioren haben sich insgesamt sehr gut beteiligt und auch gute Ergebnisse erzielt. Eine 94-jährige Dame hat sehr schön ausgemalt und sogar den Hintergrund auf dem Bild eingefärbt.

Die Maltreffs waren 14-täglich für jeweils zwei Stunden vorgesehen. Nach ca. einer Stunde waren aber fast alle mit ihren Bildern fertig und es stellte sich etwas Ermüdung ein.

Natürlich haben wir die Teilnehmer bei der Malarbeit gelobt, auch wenn mal ein Marienkäfer mit weißem Farbstift auf weißem Papier gemalt wurde. Es war spürbar, dass das Loben sehr angespornt hat, auch Teilnehmer die von vornherein gesagt hatten "ich kann nicht malen".

Meine Frau hat während der Beschäftigung Geschichten aus dem wahren Leben erzählt, z.B. wie schön die Tulpen im eigenen Garten geblüht hatten, viele haben sich dann auch an ihre Gärten zu Hause erinnert.

Die altersbedingten Zipperlein sind natürlich vorhanden, wurden aber von den meisten gut überbrückt und waren kein Hindernis beim Malen.

Andere Beschwerden wie Demenz haben wir zu Beginn unserer Maltreffs kaum wahrgenommen - vielleicht mangels Erfahrung.

Die Bilder haben wir nach Fertigstellung gesammelt und sie wurden in den Räumen aufgehängt. Bei manchen war ein gewisser Stolz erkennbar, dass sie es geschafft hatten, ein eigenes Bild zu malen. Weitere Maltreffs wurden positiv begrüßt.

# Frühjahr

Für diesen Tag haben wir uns etwas ganz besonderes einfallen lassen: wir malten Laubbäume und Büsche mit Schwämmen und Gouache-Farbe.

Diese Farbe ist wasserlöslich und kann auch nach dem Trocknen wieder abgewischt werden - nur nicht so gut von den Kleidern.

Deshalb haben wir uns zuerst einmal Schutzkleidung gebastelt.

Dazu wurden in große blaue Mülltüten drei Löcher für Kopf und Arme geschnitten um diese als Umhang überzuziehen.

Meine Frau hat sich die erste übergezogen und sagte: „jetzt habe ich schon mein Faschingskostüm, ich gehe als Mülltüte" - großes Gelächter.

Zusammengeknüllte Alufolie und Schwämmchen dienten als Mal-Instrumente.

Das Lied "bind ein blaues Band um unseren Birkenbaum" wurde mit Begeisterung gesungen und wir tupften die fast flüssige Farbe auf das Papier.

Einige taten sich schwer, mit der flüssigen Farbe und den Schwämmen umzugehen, schließlich hat man sich für den Besuch der Tagesstätte ordentlich in Schale geworfen und wollte sich die Finger nicht so schmutzig machen.

Die Resultate waren schön geworden.

Meine Erkenntnis aus der Stunde war, dass man doch besser mit trockenen Farbstiften statt mit der schmierigen Farbe umgeht.

Wir hatten in dieser Malstunde Unterstützung von einer Betreuerin, welche für Getränke sorgte - das war sehr gut, weil die alten Menschen das Trinken leicht vergessen.


Wir hatten den Faschingsmonat Februar und beschäftigten uns mit Ausmalbildern zu diesem Thema: schrullige Hexengesichter, Masken, Faschingsprinz und -prinzessin, Karnevalshüte, Clowns und Seeräuber.

Heute hatten wir zwölf Gäste, neun davon beteiligten sich aktiv an der Malerei.

Aufgrund der Erfahrung aus dem letzten Treff mit den wässrigen Farben benutzten wir heute nur Buntstifte und Filzstifte zum Malen.

Letztere kamen gut an, weil die Farben sehr intensiv sind, was bei schlechtem Sehen von Vorteile ist.

Auffällig war, dass Senioren mit schlechten Augen (grauer Star) gerne zu dunklen Farben griffen.

Wahrscheinlich erkennen sie das Gemalte auf dem weißen Papier deutlicher.

Einen der Senioren nannte meine Frau immer "unseren Picasso" und er freute sich offensichtlich über diesen Titel. Während alle anderen sich genau an die vorgegebenen Linien der Ausmalbilder hielten, malte er sehr fantasievoll kreative Details zum Motiv dazu.

Eine Seniorin erzählte begeistert, dass sie immer schon eine schnelle Malerin war und für sie brauchte ich daher jedes mal mehrere Blätter zum ausmalen.

Ihr Ehemann dagegen saß immer neben ihr ohne mitzumalen.

Die Faschingsmusik wurde eifrig mitgesungen.

Alle Senioren kannten zu meiner Verwunderung die Texte der Lieder mit sämtlichen Strophen und sangen begeistert mit.

Ich berichtete darüber, dass ich zu Hause viel male. Wir haben auch einige meiner Bilder in der Tagesstätte aufgehängt.

Wir hatten einen Fernseher zur Verfügung und zeigten eine Bildershow von meinen Bildern und ein paar Videos über die Entstehung dieser Bilder. Das gefiel unseren Senioren sehr gut.

Danach setzten wir uns an unsere Tische und bemalten Ausmalbilder von Vögeln, das hatten sich die Senioren das letzte mal gewünscht: Amseln, Papageien und viele andere Vogelarten. Wir malten mit Farb - und Filzstiften und hatten auch Wachsmalstifte.

Heute waren viele krank und so hatten wir nur sieben Gäste.

Oft kamen Fragen wie "was für eine Farbe soll ich nehmen ?" oder " soll ich den Zweig auch ausmalen? ". So hatten wir mehr Zeit auf den Einzelnen einzugehen, was für die Teilnehmer sehr wichtig ist.

Einer der Senioren hatte sich schon vor unseren Maltreffs mit Ausmalbildern beschäftigt. Er war ein außerordentlich guter Maler und voller Stolz, wenn wir ihm das auch sagten.


Ein neuer Maltreff.

Wir machten zu Beginn erst einmal Lockerungsübungen für Finger, Hände und Schultern.

Meine Frau und ich verteilten sehr zur Verwunderung Aller runde Pappteller. Jeder sollte mit Farb- oder Filzstift ein beliebiges Bild oder Ornament darauf malen.

Manche malten konzentrische Striche in einer Farbe, andere nutzen mehrere Farben.

Auch schneckenförmige Spiralen entstanden.

Die bemalten Teller nahm ich mit nach Hause. Dort habe ich sie mit einer Heißklebepistole zusammengeklebt, so dass ein großformatiges Gesamtbild entstand.

Dieses haben wir beim nächsten Treffen gezeigt und aufgehängt. Die Senioren waren sichtlich beeindruckt von dem Ergebnis ihrer Arbeiten.

Die Lockerungsübungen zu Beginn der Maltreffs wurden nun fast zur Routine. Auch die Musik im Hintergrund, welche leise lief. Manchmal wurde mitgesungen, ein andermal war es nur Untermalung.

In einem Laden für Bastelbedarf fanden wir Schablonen aus Kunststoff mit Fischen, Vögeln und anderen Formen.

Diese verwendeten wir nun, um mit Schwämmen und dicken Pinseln Farbe aufzutupfen.

Alles was mit flüssiger Farbe zu tun hatte, kam nicht besonders gut an – Angst vor Verschmutzung und Bekleckern.

Das war eine Erfahrung, mit der wir von vornherein nicht gerechnet hatten.

# Sommer

Wir hatten Malkartons bereitgestellt und mit Filzstiften wurden kreuz und quer Linien gezogen, die daraus entstandenen Flächen wurden ausgemalt.

Dazu machten wir uns aus Kartonstückchen Spachteln, mit welchen die Farbe aufgetragen wurde.

Gleiche Erfahrung wie schon zuvor: flüssige Farben gehen gar nicht.

Auch, dass es keine weitere Vorgabe gab was man denn malen sollte, ging nicht gut - es war fast eine Katastrophe.

Frau Zwirn ( 92 Jahre) "ich weiß gar nicht was ich machen soll".

Herr Kohm malte die erste halbe Stunde gar nichts, dann nur schwarze Flächen.

Frau Fleckle (schwerhörig, farbenblind) malte Palmen.

Frau Schneider ( 94 Jahre) "mein Bild ist gar nicht gut geworden".

Die Ergebnisse wurden gelobt und verschwanden dann schnell in der Schublade.

Beim nächsten Maltreff haben wir uns mit Blumen befasst. Wir hatten eine Kerze mit Rosenduft angezündet und nach einer Weile erfüllte der Duft den Raum.

Die Erinnerungen wurden zu diesem Thema geweckt: der Rosengarten, "weiße Rosen aus Athen" von Nana Mouskouri, der Rosenkavalier und so weiter.

Es wurden Blumenbilder mit Begeisterung gemalt.

Unser "Picasso" hatte sich einen Kaktus statt Blumen gewünscht, den wir für ihn ausdruckten und welchen er freudig ausmalte.

Frau Fleckle - hatte ich schon erwähnt, dass sie farbenblind ist ? - hat wieder Palmen gemalt - ihr Lieblingsmotiv.

Wir erzählten von den Vorbereitungen auf unseren Urlaub in Kroatien.

Unsere Freude auf das Meer ist groß und viele der Senioren erinnerten sich an ihre eigenen Urlaube.

Aus Werbeprospekten hatte ich ein paar Bilder ausgeschnitten: Surfer, Boote, Meeresblicke etc.

Diese haben wir auf eine große Leinwand geklebt zusammen mit den rechteckigen Papptellern, auf welchen die Senioren ihre Urlaubsideen gemalt hatten.

Es entstand eine große Collage, auch die neuen Palmen von Frau Fleckle fanden ihren Platz darauf.

Wir erkannten langsam Veränderungen bei einigen Teilnehmern, Verbesserungen oder Verschlechterungen des Gesundheitszustandes. Bei neuen Einstellungen auf Tabletten gab es oft Schwierigkeiten, welche sich durch Müdigkeit, Apathie oder überschwängliche Euphorie bemerkbar machten.

Die Bemalung der Flächen wurde von Frau Edinger weggelassen, sie malte jetzt nur noch Umrisse.

Früher sang sie ganze Lieder, jetzt weiß sie nur noch die erste Zeile.

Auswirkungen von Arzneimitteln ?

Herr Kohm dagegen lief im Gegensatz zu früher ganz gut ohne Rollator und ging fröhlicher ans Malen.

Insgesamt war zu erkennen, dass die Meisten Freude an den Maltreffs hatten und das ist es ja, was wir erreichen wollten.

Der Sommer war heiß und wir setzten uns nicht wie gewohnt in den großen Raum sondern ins Freie.

Wir hatten heute längliche Hartfaserplatten dabei - Überbleibsel von einer Verpackung.

Diese wollten wir mit farbigen Knöpfen bekleben und hinterher zu einer kleinen Säule zusammensetzen.

Die Knöpfe boten ja auch die Möglichkeit der farbigen Gestaltung.

Die Terrassentische aus Latten waren für unsere Arbeit nicht gerade optimal geeignet, weil die Knöpfe zu gerne durch die Schlitze fielen.

Das Einsammeln der Knöpfe vom Boden übernahm ich, da ich mich leichter bücken konnte.

Die Fingerfertigkeit beim Greifen der kleinen Knöpfe hatte auch ihre Grenzen, aber irgendwie haben wir es zusammen geschafft.

# Herbst

Heute haben wir uns etwas Besonderes einfallen lassen: wir malten mit Kaffee.

Aus Alufolie formte ich kleine Gefäße, in welchen die Körner von löslichem Kaffee mit ein paar Tropfen Wasser zu einer breiigen braunen Farbe angerührt wurden.

Ein herrlicher Kaffeeduft verbreitete sich im Raum.

Skeptisch wurden meine Vorbereitungen beobachtet und die Frage „wie soll denn das gehen ?" wurde in die Runde geworfen.

Ich erklärte, wir könnten mit Wattestäbchen oder den Fingern arbeiten und zeigte das Vorgehen an einem Beispiel, was die Reaktion hervorrief „ach so – jetzt habe ich es verstanden".

Es hatte mich erstaunt, dass sogar ohne weitere Aufforderung viele mit den Fingern malten. Damit hatte ich nach den Erfahrungen mit flüssigen Farben nicht gerechnet – vielleicht war es wegen des guten Kaffeeduftes ?

Begeistert wurde das Lied "Marina, Marina " geschmettert.

12. Maltreff „Herbst"

13. Maltreff „Malen mit Kaffee"

Ende Oktober malten wir Ausmalbilder zum Thema Halloween.

Hexen und Kürbis-Masken.

Das auf den Gehwegen herumliegende Laub hatte mich zu einer schönen Herbst-Idee inspiriert.

Ich hatte viele Blätter gesammelt und wir wollten sie auf der einen Seite mit Farbe einschmieren und dann umgedreht auf ein Blatt Papier drucken.

Zu Hause hatte ich das erfolgreich probiert und die Ergebnisse konnten sich sehen lassen.

Beim Maltreff gab es dagegen ein Desaster.

Feuchte Farben, Gekleckere, "was soll ich eigentlich machen?". Alle schienen damit völlig überfordert zu sein. Die Blätter wurden zu dick mit Farbe bestrichen, so dass es beim Umdrehen tropfte. Die Ergebnisse waren nicht wirklich vorzeigbar.

Ein weiteres Mal erkannte ich, dass Buntstifte zum Malen wesentlich besser geeignet sind.


## Winter

Nun begann die Vorbereitung der Weihnachtszeit.

Wir malten mit Bunt- und Filzstiften Nikoläuse und Weihnachtsglocken aus.

Die Vorfreude auf die besinnliche Jahreszeit wollten wir damit etwas verstärken.

Bei so manchen Senioren kam die weihnachtliche Stimmung nicht auf – „früher war Weihnachten schöner, aber jetzt – na, ja".

Die trüben Gedanken vergingen jedoch schnell, da das Malen wieder in den Mittelpunkt rückte.

Bei allen Maltreffs kam häufig die Frage auf "welche Farbe soll ich denn nehmen ?". Diesmal war der goldfarbene Filzstift der Favorit.

Zum Dezember-Maltreff brachten wir zwei mit befüllbaren Stoffbeutelchen versehene Adventskalender mit und die Senioren befüllten sie mit den mitgebrachten Süßigkeiten.

Wegen der Zucker-Empfindlichkeiten mussten die Senioren dann wohl etwas aufpassen, aber das war ihnen schon selbst bewusst und die Betreuer achteten natürlich auch darauf.

Wir brachten noch Postkarten mit Weihnachtsmotiven mit, auf welche die Senioren ihre persönlichen Weihnachtswünsche schreiben sollten.

Gesundheit und Frieden waren die häufigsten Wünsche aber überraschend kam auch folgende Aussage: „gib der Jugend Arbeit und den Politikern Verstand."

Die Karten wurden dann mit Bändern an den Adventskalendern befestigt.

## Abschluss

Wir hatten nun ein ganzes Jahr lang miteinander die Maltreffs abgehalten und viel Freude dabei gehabt – gesungen, gelacht, erzählt.

Es war ein Projekt, in welchem ich schöne zwischenmenschliche Erfahrungen machen durfte, die ich persönlich als Bereicherung empfunden habe.

Soweit der Bericht aus meiner Sicht – vielleicht kann er jemandem, der ähnliche Schritte gehen möchte, Anregungen und Ideen geben. Nun lasse ich meine Frau ihre Sichtweise schildern.

# Aus Sicht der Frau

Mein Mann glaubte, nur für den technischen Bereich zuständig zu sein, also für Papier, Pinsel und Farben sowie für die künstlerische Betreuung. Irrtum seinerseits – die Emotionen gehören auch dazu. Längst trug er meinen Virus des Helfersyndroms in sich, ohne es zu wissen – sonst hätte er sich nicht auf dieses Abenteuer eingelassen.

Meine Aufgabe bestand darin, Brücke zwischen den Senioren und der Kunst zu sein. Ich war die Geschichtenerzählerin und ging auf die persönlichen und emotionalen Bedürfnisse der Senioren ein.

Der sachlichere Part meines Mannes ist im vorderen Teil dieses Buches beschrieben.

## Geburt einer Idee

Kurz und knapp sagt mein Mann: nicht zu viel schwafeln – bring es auf den Punkt. Na dann...

Wir hatten einige sehr anstrengende Jahre - emotional und körperlich - hinter uns: Pflege, Hausverkauf, Umzug und Start in neuer Umgebung.

Mein Leitspruch lautet: "es könnte noch schlimmer kommen."

Vor kurzem hatte ich eine dicke Backe, der Backenzahn stand unter Eiter. Folgerichtig OP.

Am Abend hatte ich ein Telefonat mit meiner Schwägerin. Ihr Mitleid tat gut aber ich meinte wie oft "hätte schlimmer kommen können: stell dir vor ich hätte zwei dicke Backen."

So nun genug vom Geplänkel.

Ich wollte wieder etwas tun, am besten im sozialen Bereich. Die erste Idee welche mir durch den Kopf schoss: ich habe gerade heute einen Artikel über die Tafel gelesen, sie sucht dringend Mitarbeiter.

Nun kam das Veto meines Mannes: „geht nicht, denk an deine Knie-OP und die nächste steht auch bevor."

Wo er recht hat, hat er recht – aber so schnell gebe ich nicht auf.


Jetzt kam mir der Zufall zur Hilfe – wie so oft im Leben: alles fügt sich am Ende zum Guten. Wir hatten in den letzten Tagen der Pflege meiner Mutter eine wunderbare Truppe von Helfern – Intensivpflege mit Herz und Hand – an dieser Stelle nochmals "Danke".

Der Kontakt war auch nach zwei Jahren noch nicht abgerissen und so kamen Paula und ihr Mann zu einem Abendessen.

Es war ein schöner langer Abend und am Ende war die Idee geboren, einen Maltreff in ihrer Senioren-Tagesstätte abzuhalten.

Dazu muss man wissen – mein Mann ist seit seinem Eintritt in den Unruhestand wieder unter die malenden Künstler gegangen.

Er geht seine Aufgaben strukturiert an: zuerst kommt immer ein Konzept.

Ich bin genau das Gegenteil: erst mal probieren und dann später die Beschreibung lesen wenn es eigentlich zu spät ist.

So nun wurde es langsam ernst. Was kommt auf uns zu ?

Ich werde nun einige Erlebnisse schildern, aus welchen wir Vieles uns Unbekanntes gelernt haben und welche uns stark emotional berührt haben.

## Tulpen aus Amsterdam

Wir haben uns gedacht, es erwacht der Frühling. Im Supermarkt sah ich die ersten Tulpen. Okay, das wird unser Thema.

Aber wie bringen wir es rüber ? Wie kommt dieses Thema bei den älteren Herrschaften an ?

Ich bin gestartet, habe einen Strauß Tulpen gekauft.

Mein Mann hatte sich vor dem ersten Maltreff viele Gedanken gemacht, war schon etwas nervös und hatte Tulpen vorgemalt und Ausmalbilder vorbereitet.

Die Hinfahrt zur Tagesstätte verlief etwas schweigsam, jeder hing seinen Gedanken nach.

Was erwartet uns nun ?

Wir sind während des Frühstücks angekommen und haben uns an allen Tischen zuerst einmal vorgestellt.

Wir werden donnerstags 14-tägig einen Maltreff anbieten und hoffen auf rege Beteiligung.

Die Gesichter waren etwas skeptisch. „Nun, was soll denn das werden" konnte ich darin lesen.

Einige sagten ganz offen und sofort "nein ich male nicht, ich kann das nicht".

Daraufhin habe ich geantwortet "keine Angst, ich kann das auch nicht aber mein Mann ist ganz gut in dieser Sache. Wir wollen nur zusammen etwas Freude und Spaß mit der Farbe in den Alltag bringen und mal schauen wie es klappt. Wer hat Lust ?"

Zuerst kam so gut wie keine Reaktion, nur ein einzelner Mann, mein späterer Freund Josef, streckte den Finger hoch. Er hatte sein eigenes Ausmalbuch vor sich liegen und war schon dabei, dies sehr fein und exakt auszumalen.

"Nun wer ist noch mutig ?" habe ich gefragt und zu meiner Erleichterung gingen jetzt einige Arme zaghaft nach oben.

Okay, dann gehen wir mal in den Nebenraum wo wir vier Tische zu einem Quadrat aneinandergereiht und etwa acht Stühle bereitstehen hatten.

Die Tulpen hatte ich in einer Vase mitten auf den Tisch gestellt.

Vom Handy kam das Lied "Tulpen aus Amsterdam".

Das Eis war gebrochen, die ersten setzten sich und summten die Melodie mit.

Auf dem Tisch hatten wir Buntstifte und Ausmalblätter liegen.

Nun begrüßte ich die Truppe der Mutigen, wir stellten uns vor: mein Mann der Künstler und ich die Geschichtentante wie ich mich nannte, welche Freude und Farbe ins Leben bringen wollten.

Das war echt eine Herausforderung, der wir uns hier stellten.

Aber so langsam wich die Ängstlichkeit von uns und den Senioren.

Dieter malte eine Tulpe vor, nun konnte das Malen beginnen.

Einzelne fragten, wie seid ihr auf die Idee gekommen ?

Es gab plötzlich ein reges Gespräch und die Blätter wurden bunt.

Ich kam auf die Idee zu fragen „was sind denn eure Lieblingslieder ?". Nach kurzem Schweigen kam "Marina, Marina". "Das kenne ich nicht - könntet ihr mir das vielleicht vorsingen ?" Es war fantastisch - die Hälfte sang das Lied textsicher vor.

Zwei Stunden waren wie im Flug vergangen.

Super - also ich hatte gemerkt, mit der Musik kriegen wir eine schöne gelockerte Stimmung hin. Musik ist für die Gäste ein wichtiger Bestandteil. Sobald sie singen, fühlen sie sich wohler und die Gesichter fangen an zu strahlen.

Später sprach ich die Betreuerinnen auf die Musik an. "Ja" wurde mir bestätigt, zu Hause läuft bei Ihnen auch immer das Radio, das gibt ihnen ein beruhigendes Gefühl.

So kam ich auf die Idee, das nächste mal lasse ich CDs mit Schlagern aus den 70er Jahren im Hintergrund laufen.

## Getupfte Bäume

So gedacht, getan. Beim nächsten Maltreff habe ich sofort Musik eingeschaltet.

Das Thema war: heute malen wir Bäume, aber auf eine etwas andere Weise.

Mein Mann führte es vor: mit Schwämmchen und zerknüllter Alufolie, welche in Farbe gedrückt und dann wie ein Stempel auf das Blatt aufgebracht wurden. Es entstanden Bäume und Büsche.

Alle staunten wie das funktioniert – ja, und ich hatte das Gefühl es macht ihnen Spaß.

In einem Gespräch mit den Betreuern hatten wir ausgemacht, dass die selbstgemalten Bilder in den Aufenthaltsräumen aufgehängt werden sollten. Dies erfüllte die Senioren mit Stolz als sie hörten dass ihre Werke die Räume zieren sollten.

Der nächste Gedanke war, wir könnten das am bevorstehenden Tag der offenen Tür ja auch den Angehörigen und Besuchern präsentieren. Diese Idee fand großen Beifall.

In der Zwischenzeit hatte ich gemerkt, dass die Konzentration der Senioren nach ungefähr einer Stunde nachließ.

Nun begann mein Part als Geschichtenerzählerin. Ich erzählte was ich vorhätte zu kochen und von unserer Urlaubsplanung – eben Geschichten wie sie täglich vorkommen.

Ich band sie in unseren persönlichen Alltag ein und wir bauten dadurch langsam ein Vertrauensverhältnis auf.

Kleines Beispiel: wir wollten ein neues Bild an der Wand aufhängen. Mein Mann steht auf der Leiter, ich der Lehrling. „Kannst du mir mal die Wasserwaage geben. Reich mir mal den Hammer" und so weiter. Kennt ihr diese Situation ? Die Reaktion kam sofort: "wie früher bei uns zu Hause".

# Das Ehepaar

Wir hatten in der Zwischenzeit zu einigen Senioren schon ein gutes freundschaftliches Verhältnis. Sobald sie uns sahen, fingen sie an zu strahlen und Frau Edinger rief sofort "die Künstler kommen". Sie meinte jedes Mal "wir kennen uns doch, wir malen doch zusammen".

Wir waren unter dem Namen „die Künstler" nun ein fester Bestandteil.

Bei Frau Edinger und ihrem Mann handelte es sich um ein sehr liebenswertes, über die Jahre zusammengeschweißtes Ehepaar.

Frau Edinger malte mit Begeisterung von Anfang an exakt und schnell. Laut ihrer Aussage war sie in ihrem Leben immer eine der Schnellen.

Ihr Mann beteiligte sich nicht am malen, saß daneben und sah seiner Frau zu. Wenn einer von uns in die Nähe kam, sagte er immer voller Stolz: „das ist meine Frau – malt sie gut ?"

Es kam uns so vor als wolle er seine Frau beschützen.

Inzwischen fanden einige Maltreffs statt und ich fand heraus, dass das Ehepaar Edinger sehr musikalisch war.

Früher sangen beide im Chor und er spielte Akkordeon - Quetschkommode nannte er es.

Frau Edinger liebte das Singen, sie kannte sämtliche Volkslieder und Schlager, sogar die Interpreten dazu konnte sie einem nennen.

Wurde es in der Gruppe unruhig und die Konzentration ließ nach, so sprach ich Frau Edinger an "was könnten wir singen ?". Dieses Stichwort löste sofort bei ihr ein Lächeln aus "am Rosenmontag bin ich geboren" - perfekt zu dem Thema „Faschingsmasken", welche wir heute ausmalten.

Nun aber fing die Faschings-Stimmung erst richtig an. Ein Lied folgte dem anderen „wer soll das bezahlen, wer hat das bestellt". Die Stimmung war heiter und das Malen ging wie von selbst.

Ich hatte mir angewöhnt, während dieser zwei Stunden von einem zum anderen zu gehen, ihm über die Schulter zu schauen und zu fragen ob ich helfen könnte oder ihn für sein Bild zu loben.

Hatte ich das Gefühl, einer meiner Senioren wäre etwas niedergeschlagen, half oft eine Berührung, die mit einem dankbaren Lächeln belohnt wurde – es gibt Situationen, die bedürfen keiner Worte.

Nun hatte ich versucht mit dem Spruch „unter Künstlern nennt man sich beim Vornamen" eine partnerschaftliche Ebene zu schaffen. Ob dies gut bei den einzelnen ankam weiß ich nicht, aber einige gingen gerne zum Du über.

Wir versuchten darauf zu achten, dass am Schluss der Stunde alle Bilder signiert wurden was für die Einzelnen, so kam es uns vor, wie ein Ritterschlag war. „Jeder Künstler signiert sein Bild" war unsere Aussage.

# Die Aufwärmrunde

Beim nächsten Maltreff hatten wir uns vorgenommen, einige Lockerungsübungen mit den Senioren zu machen und waren sehr gespannt wie denn das ankäme. Ich war erstaunt: alle waren sofort dabei und machten die Übungen mit heller Begeisterung.

Eine der beliebtesten Übungen war „Boxen, wie Klitschko" – alle boxten in die Luft und es war eine Riesen-Gaudi.

Mein Ziel war es, die Hände und Schultern aufzuwärmen und dadurch auch eine Lockerheit in den Malbeginn zu bringen.

Zu Beginn der Maltreffs waren alle sofort über die Blätter hergefallen und haben wild drauflos gemalt. Durch die sportliche Einlage und da ich keine Vorlagen auf den Tisch gelegt hatte, waren sie jetzt bereit den Ausführungen meines Mannes zuzuhören und auch nicht so hektisch.

Wir haben festgestellt dass der Einzelne Freude an dem Gesamtkonzept hatte, welches wir entwickelten oder besser gesagt: das Konzept hat sich aus der Praxis heraus entwickelt. Erzählen aus dem eigenen Leben, etwas sportliche Übungen, dann das eigentliche Thema, das Malen immer verknüpft mit der passenden Musik, z.B. an Fasching Faschingslieder, Frühlingslieder, Lieder aus der Kindheit, Schlager der 60er, 70er-Jahre, so wurde es ein gesamtheitliches Konzept.

Wichtig war uns, den Senioren Freude, Abwechslung und eine Bestätigung "ich kann das" zu geben.

# Das neue Hobby

Frau Hartmann hatte in ihrem Leben noch niemals gemalt. „Für sowas hatte ich keine Zeit."

Sie hatte starke Zweifel ob sie das überhaupt könne und ob es ihr Freude machen würde. „Ich versuch es halt mal."

Zögernd begann sie mit ihrem ersten Ausmalbild und frug unsicher „welche Farbe soll ich nehmen, ist das so in Ordnung ?". Kein Strich ging daneben, alles musste bei ihr bis auf das kleinste Detail stimmen.

Ihre Zweifel verschwanden langsam.

Sie malte jetzt mit wachsender Begeisterung. Ihre größte Freude war das Malen zuhause mit ihrem dreijährigen Urenkel. „Ich hätte mir früher nie gedacht, dass ich einmal malen und daran eine solche Freude haben würde."

Sie würde sich bei ihrem Urenkel bewusst etwas ungeschickt anstellen, damit er das Gefühl bekäme, er sei der Uroma gegenüber im Malen schon überlegen.

„Oma das zeige ich dir, ist doch nicht schwer". Für beide Parteien war dies eine Bereicherung im täglichen Leben, jung und alt ergänzten sich.

Sie war ein Paradebeispiel für unsere Maltreffs, sie hatte die Freude am Malen entdeckt.

Wir freuten uns, dass wir sie anstecken konnten und gaben ihr oft die nicht bemalten übrigen Blätter zum Ausmalen mit – sie hatte ein neues Hobby gefunden.

# Der Kunstmaler

Mein Freund Josef war ein Mensch, welcher die Freude am Malen schon vorher hatte und nun endlich in den Malstunden auch eine Herausforderung fand, in anderen Kategorien und mit anderen Materialien zu malen und sich auszuprobieren.

Man sah ihm an, es war ihm jedes mal eine Freude wenn wir kamen und er war einer der ersten, welcher trotz seiner Gehbeschwerden rasch in den Nebenraum ging um sich zum Malen an den Tisch zu setzten.

47

Ein sehr nettes Erlebnis hatte ich mit ihm, als ich ihm erzählte, dass mein Mann gerade dabei sei, die Garagenwand mit Kühen zu bemalen.

Es war Nachmittag und wir waren sonst nur vormittags da; er war sehr erstaunt als er vom Mittagsschlaf kam. Er frug: „was machst Du heute hier, wo ist Dieter ?"

Ich antwortete: „Dieter malt auf die neu gestrichene Garage zwei Kühe."

Es gab kein Halten mehr - er lief schnurstracks mit seinem Rollator auf die Terrasse und rief voller Begeisterung: "das muss ich sehen".

Da es noch recht kühl war, schnappte ich eine Decke, folgte ihm und legte sie ihm um.

Er sass auf der Terrasse und schaute erstaunt zu, was mein Mann da trieb.

"Super, Dieter, das habe ich noch nie gesehen".

Eines seiner besonders schönen Werke war dieser runde Pappteller:

# Ein großer Schritt

Mein Mann hatte schon öfter mit Kaffee gemalt und er nahm die Gelegenheit wahr, die Senioren damit zu überraschen. Als er erklärte, heute werden wir mit Kaffee malen, ging ein Raunen durch die Runde „wie soll denn das funktionieren ?".

Er mischte Kaffeepulver mit Wasser und machte daraus einen Brei und begann mit dem Finger etwas vorzumalen.

Ich habe vorhin von dem Ehepaar Edinger erzählt. Nach über einem halben Jahr hatte ich nun ein sehr überraschendes Erlebnis.

Die Betreuerin Monika hatte öfters schon reges Interesse an unseren Maltreffs gezeigt und kam ab und zu für eine kurze Zeit zu uns herüber um zu sehen, was wir denn Neues machen.

Sie wusste, dass  Herr Edinger nur zuschaute und versuchte ihn zu überreden doch mal mitzumachen. Bevor er sich eine Antwort überlegte nahm sie kurzentschlossen seinen Finger, tunkte ihn in den Kaffeebrei und stempelte mit dem Finger eine Herzform. Dies war ein großer Schritt: Herr Edinger hatte mit dem Malen begonnen.

Ich sah das begeistert und wollte ihn dazu bringen, dieses Herz seiner Frau zu schenken: „ihre Frau ist immer so freundlich und gut gelaunt, sie ist richtig lieb."

Sein Kommentar: "die kann auch manchmal eine richtige Hexe sein". "Aber Herr Edinger, das geht nicht - sie ist doch so ein Liebe". "Manchmal schon". "Wissen Sie was – Sie schenken das Herz jetzt ihrer Frau und dann ist alles wieder gut".

Das war der Beginn einer neuen Maler-Ära. Herr Edinger malte ab diesem Tag mit und war sichtlich aufgeblüht.

Beim nächsten Maltreff war er eifrig dabei.

Doch plötzlich merkte ich dass er ohne Blatt da saß und nur vor sich hin schaute.

"Möchten Sie nicht mehr malen, haben sie aufgegeben ?"
fragte ich.

"Nein, meine Frau hat es mir weggenommen."

"Ach, sagte ich, sie wollte ihnen doch nur helfen, sie ist doch immer eine der Schnellen. Wollen Sie weiter malen ?"

"ja" kam die Antwort.

Also holte ich ein neues Blatt und wir begannen wieder ein Herz zu malen, diesmal aber für seine Tochter.

Er sprach ab diesem Zeitpunkt öfter mit uns und man merkte ihm an, dass  er sich wohl fühlte.

Ein weiteres nettes Erlebnis: ältere Herren müssen ja öfter austreten.

Herr Edinger hob den Finger, sah fragend meinen Mann an.

Dieser reagierte erst etwas langsam.

Der erhobene Finger erinnerte ihn an seine Schulzeit.

"ja, Herr Edinger ?" sagte er dann.

Dieser antwortete: "darf ich austreten."

"Natürlich" stotterte mein Mann weil er sehr überrascht war über die Wortwahl - die alten Zeiten seiner Schulzeit hatten ihn wieder eingeholt.

# Rosenduft

Ein neues Thema welches uns beschäftigte waren Blumen und ihre Düfte.

Ich fragte jeden nach seiner Lieblingsblume und war erstaunt, dass die Antworten recht unterschiedlich ausfielen.

Meine erste Vermutung war natürlich Rosen.

Aber weit gefehlt, es kamen Maiglöckchen, Gerbera, Flieder, Astern und so weiter.

Es war ein bunter Reigen und das Thema Garten stand plötzlich im Mittelpunkt.

Jeder erzählte was er in seinem Garten gepflanzt hatte und welche Erfahrungen er mit den Blumen gemacht hatte.

Wir zündeten eine Kerze mit Rosenduft an und versuchten so, die Erinnerungen zu wecken.

Es ist sehr interessant, Menschen reagieren auf Düfte und verbinden mit Ihnen Erlebnisse.

Bei meinem Mann lösen Orangen- und Mandarinen-Duft Erinnerung an seine Kindheit und die Weihnachtszeit aus.

Auch unsere Senioren waren angetan vom Duft und sprachen von ihren Rosen oder sonstigen Blumen was uns bestätigte, dass der Duft Assoziationen bei den Menschen auslöst.

Natürlich wurde das Lied "weiße Rosen aus Athen" gesungen und die Reihe der Lieder hörte kaum auf und endete schließlich mit "vor meinem Elternhaus steht eine Linde".

# Mein kleiner Picasso

Herr Kohm hatte einen Schlaganfall, war im Januar noch sehr geschwächt und ging sehr schwer an seinem Rollator.

Die ersten Maltreffs waren etwas schwierig, er war oft ungeduldig, etwas grantig, aber das hat sich nach einigen Treffen völlig geändert.

Es ging ihm körperlich besser er lächelte öfter und ich hatte den Schlüssel gefunden wie ich ihm ein Lächeln abgewinnen konnte.

Er malte am Anfang immer nur in Dunkelbraun und Schwarz. Ich wunderte mich darüber. Wenn ich versuchte ihm von einer anderen Farbe zu überzeugen so stieß ich auf Granit.

Ganz langsam erkannte ich, dass viele unserer Senioren mit dunklen Farben malten weil Sie Probleme mit den Augen hatten. Diese sind für sie besser erkennbar.

Aber was mir am Malstil von Herrn Kohm auffiel: er hatte kreative Ideen, er setzte vieles auf eine völlig außergewöhnliche Art um, ohne darüber zu sprechen.

Und so nannte ich ihn sehr schnell "meinen kleinen Picasso". Bei seinen Bildern musste man genau hinschauen um die Aussage zu erkennen.

Wir lobten ihn oft „Herr Kohm, das ist super, sehr kreativ". Zuerst war er sehr skeptisch aber so ganz langsam wich dies einer gewissen Vertrautheit und er wurde immer zugänglicher. Er hatte einen versteckten Humor, welchen man erst schwer erkannte aber sobald man sich auf ihn einließ, war man verwundert was in ihm schlummerte.

Klein Picasso war stolz wenn ich ihn so nannte, lächelte und genoss es still.

Einige Male gelang es ihm, uns aus dem Konzept zu bringen. Wir fragten die Senioren nach den Lieblingsblumen, welche sie beim nächsten Treffen malen wollten.

Herrn Kohm's Antwort war: „meine Lieblingsblume ist der Kaktus".

„Kaktus - ist das eine Blume ?" fragte ich. Antwort „ja, für mich schon."

Wir grinsten uns an und mein Mann brachte ihn zum nächsten Treffen einen ausgedruckten Kaktus mit, keine Rose, Gerbera oder sonst irgendwas. Kaktus - ganz nach dem Wunsch meines kleinen Picassos.

# Die Palmen und der blaue Löwe

Ich versuchte, unsere Senioren immer wieder an unserem täglichen Leben teilhaben zu lassen um sie so einzubinden und dadurch eine Kommunikation mit ihnen aufzubauen.

Wir hatten eine Reise nach Kroatien ans Meer vor.

Da ich die kroatische Küste nur vom Hörensagen und von Bildern kannte, habe ich in die Runde gefragt „wer war schon dort?".

Zwei Senioren meldeten sich und erzählten über die Schönheit des Landes, an welchen Orten sie waren und dass sich eine Reise dorthin sicher lohnt.

Frau Fleckle habe ich sehr ins Herz geschlossen.

Sie hatte einige körperliche Gebrechen, z.B. konnte sie sehr schlecht hören.

Dies kannte ich aus der eigenen Familie und da meine Stimme recht kräftig ist, versuchte ich immer klar und deutlich und vor allem laut zu sprechen.

Sie war hocherfreut dass sie mich verstehen konnte. Beim Malen vergaß sie ihre Schmerzen und dass sie farbenblind war.

Aber eins machte ihr besonders Freude: sie liebte das Meer, die Palmen und Schiffe.

Unser Thema war „Blumen", aber bei ihr wurden es Palmen - macht nichts, Hauptsache sie hatte Freude.

Ich sprach sie darauf an ob es sich bei ihrem Bild um Mallorca handelt. Volltreffer - sie lachte über das ganze Gesicht „ja, ja sie haben recht".

Bei der Tiermalerei hatte sie sich einen Löwen ausgesucht und zum Ausmalen einen blauen Buntstift erwischt.

Wir waren überrascht, aber wir ließen sie den Löwen blau malen - sie ist ja farbenblind.

Das Ergebnis war durchaus ansehnlich - es sorgte bei den anderen für viel Gesprächsstoff: wieso kann man einen Löwen nicht blau malen - was spricht eigentlich dagegen?

Eines meiner schönsten Erlebnisse mit ihr war kurz vor Weihnachten als ich mit meinem Mann den Weihnachtsmarkt besuchte und wir anschließend im Café zufällig Frau Fleckle mit ihrer Tochter beim Kaffeetrinken trafen.

Sie war hocherfreut uns zu sehen und sprudelte sofort los.

„Ich war einige Zeit krank und konnte nicht kommen, das ist schade. Aber ich komme wieder und freue mich schon so auf das nächste mal."

Ihre Tochter erzählte, dass sie jedesmal ganz stolz von ihren Malergebnissen berichtete und dass ihr die Künstler so viel Freude bringen würden.

„Sie ist begeistert von Ihnen und ich habe schon sehr viel über die Maltreffs gehört."

Wir wünschten beiden frohe Weihnachten. Diese Begeisterung war für uns ein wunderbares Weihnachtsgeschenk, welches wir unter unseren Weihnachtsbaum legten.

Es war Freude und Bestätigung gleichzeitig. Haben wir doch anscheinend einiges richtig gemacht.

# Die Wirkung der Musik

Nun erzähle ich eine der bewegendsten Geschichten, welche wir bei unseren Treffen erlebt haben und die mich persönlich am tiefsten berührt hat.

Frau Berger saß apathisch im Rollstuhl, nahm nicht an den Geschehnissen um sie herum teil, musste mühsam gefüttert werden und reagierte auch auf persönliche Ansprache nicht.

Ich hatte mehrmals versucht, sie aus ihrem Schneckenhaus zu holen indem ich mich zu ihr setzte und ein rotes Herz zu malen begann. Sie reagierte überhaupt nicht.

Ich bemühte mich, sprach auf sie ein um sie in irgendeiner Form zu einer Reaktion zu verführen aber ich scheiterte kläglich.

Hartnäckig versuchte ich es immer wieder, blieb bei ihr stehen, begrüßte sie persönlich, aber ich konnte nicht durchdringen.

Der neue Betreuer Mick war ein richtiger Rocker. Er spielte seit Jahrzehnten in einer Rockband.

Er erklärte mir, dass Demenzkranke die Musik erst ganz am Schluss vergessen würden, die dafür zuständigen Gehirnregionen wären die letzten, die ausfielen.

Wir saßen nach einer Malsitzung zusammen und bei den Senioren hatte die Konzentration schon stark nachgelassen.

In diesem Fall sangen wir oft und ich erzählte Geschichten aus dem Alltag.

Heute hatte ich die Idee „Mick, komm hol deine Gitarre und wir singen gemeinsam."

Es war nicht üblich, dass die Dame im Rollstuhl an unseren Maltreffen teilnahm.

Diesmal hatten wir sie zu uns in den Raum an den Maltisch gesetzt, da ein Betreuer erkrankt war.

Mick saß mit der Gitarre neben ihr und es wurde diskutiert, was für ein Lied wir singen – die Wahl fiel auf: „wir lagen vor Madagaskar".

Mick begann zu spielen und unsere Gruppe sang kräftig und begeistert mit.

Plötzlich sah ich im Gesicht von Frau Berger ein Lächeln und sie drehte den Kopf in Richtung Mick und sang leise mit.

Ich war völlig überrascht und konnte das Geschehen überhaupt nicht einordnen – ein großes Wunder war für mich geschehen.

Plötzlich schaute sie mich an, hob die Hand und winkte mich zu sich heran.

Sie lächelte weiter als ich neben ihr stand und ihre Lippen bewegten sich. Leider konnte ich ihre Worte nicht verstehen.

Es kam mir vor, als wäre sie durch einen dunklen leeren Raum gegangen und soeben durch die Musik wieder ans Licht gekommen. Ich teilte ihr meine Gefühle mit, indem ich ihre Hand nahm und sie drückte. Es war mein Weihnachtswunder.

# Begriffe und Referenzen

Die in diesem Buch verwendeten Begriffe und Namen, welche nicht von den Autoren stammen oder Marken- bzw. Produktnamen sind, werden nur zur Darstellung wichtiger Zusammenhänge oder zur Vollständigkeit der Beschreibungen aufgeführt.

Die Namen der Beteiligten wurden geändert.

Malerei:    http://www.DLII.de/
            speziell:
            http://www.DLII.de/ /Projekt_01.html

Videos:     http://www.youtube.com/user/DLIIart
            speziell:
            https://www.youtube.com/watch?v=-As9t4FmSVk

# Nachwort

Wir danken den Betreibern der Senioren-Tagespflegestätte, allen Angestellten für ihre Hilfe und den Senioren für das in uns gesetzte Vertrauen.

Dieses Buch wurde unter Berücksichtigung der intuitiven Rechtschreib- und Interpunktions-Vorstellungen der Autoren geschrieben, welche die Chance zur Übernahme in die nächste deutsche Rechtschreibreform verdient hätten ;-)